AF463889

# CATALOGUE

D'UN

# IMPORTANT MOBILIER

## MODERNE ET DE FANTAISIE

**Très riche Salle à manger en noyer patiné, sculpté et poli**
**Trois Chambres à coucher, Salon Louis XVI**
**Nombreux Meubles et Sièges de fantaisie, etc., etc.**

**SUPERBES BIJOUX**

**Montés de diamants**

**RIVIÈRE, BRACELETS, SOLITAIRES**

## TABLEAUX

**Par Corot, Jules Dupré, Th. Rousseau, Ch. Jacque, Detaille**
**Veyrassat, Berne-Bellecour, Goeneutte**
**Orange, Sergent, Bruck-Lajoz, Watteau (de Lille), etc., etc.**

**BRONZES, MARBRES, PORCELAINES**

**OBJETS D'ART, ARGENTERIE**

***Piano d'Érard à queue***

**Tentures, Tapis, Rideaux, Glaces, Batterie de cuisine, Débarras**

**DONT LA VENTE AURA LIEU**

## HOTEL DROUOT, SALLES Nos 8 & 9

**Salle 8 : Les Jeudi 13 et Vendredi 14 Novembre 1890**
**Salle 9 : Les Samedi 15, Lundi 17 et Mardi 18 Novembre 1890**

| **Me G. COULON** | **M. VANNES** |
|---|---|
| COMMISSAIRE-PRISEUR | EXPERT |
| 56, rue du Faubourg-Montmartre, 56 | 54, rue du Faubourg-Montmartre, 54 |

*Chez lesquels se distribue le Catalogue*

## EXPOSITIONS PUBLIQUES

DE DEUX HEURES A SIX HEURES

**Salle n° 8 :** ***Le Mercredi 12 Novembre 1890***
**Salle n° 9 :** ***Le Dimanche 16 Novembre 1890***

D 25417

Don S. de Ricci

## ORDRE DES VACATIONS

### Salle n° 8

LE JEUDI 13 NOVEMBRE. — Meubles de fantaisie, Pianos, Salons, Chambres à coucher, Faïences.

LE VENDREDI 14 NOVEMBRE. — Suite des Meubles, Salle à manger, Billard, Tentures, Lustres, Suspensions, Porcelaines.

### Salle N° 9

LE SAMEDI 15 NOVEMBRE. — Tapis, Meubles courants, Batterie de cuisine, Vaisselle, Débarras.

LE LUNDI 17 NOVEMBRE. — Tableaux, Bijoux, Argenterie, Plaqué.

LE MARDI 18 NOVEMBRE. — Fin des Objets d'art, Porcelaines, Faïences, Bronzes, etc., etc.

---

## CONDITIONS DE LA VENTE

La vente sera faite expressément au comptant.

Les Acquéreurs paieront, en sus des adjudications, CINQ POUR CENT, applicables aux frais.

L'Exposition mettant le public à même de se rendre compte de l'état des objets, il ne sera admis aucune réclamation une fois l'adjudication prononcée.

---

Paris. — Imp. de l'Art. E. MÉNARD et Cie, 41, rue de la Victoire.

13 Novembre 1890

V

# IMPORTANT MOBILIER

## Moderne et de Fantaisie

## SUPERBES BIJOUX

MONTÉS DE DIAMANTS

RIVIÈRE — BRACELETS — SOLITAIRES

## TABLEAUX

PAR

**Corot, Jules Dupré, Th. Rousseau, Ch. Jacque, Detaille Veyrassat, Orange, Gœneutte, Sergent, Bruck-Lajoz Paczka, Polack, Watteau (de Lille), etc.**

BRONZES — MARBRES — PORCELAINES

**OBJETS D'ART — ARGENTERIE**

*Piano à queue, d'Érard*

| Me G. COULON | M. E. VANNES |
|---|---|
| COMMISSAIRE-PRISEUR | EXPERT |
| 56, Faubourg-Montmartre, 56. | 54, Faubourg-Montmartre, 54. |

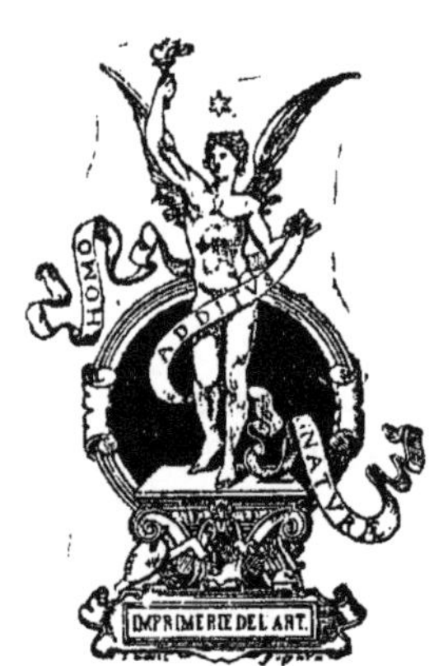
HOMO
ADDITVS
NATVRÆ
IMPRIMERIE DE L'ART.

## DÉSIGNATION DES OBJETS

### TABLEAUX

1 — BERNE-BELLECOUR. *Siège de Paris.* — Le premier de l'an 1871, Victor Hugo, en costume de garde national, traverse Paris couvert de neige et bombardé, il porte des jouets à ses petits-enfants.

2 — COROT. *Entrée de village.*

3 — DUPRÉ (Jules). *Sur la lisière d'une forêt.* — Deux vaches vont s'abreuver dans une mare.

4 — DUPRÉ (J.). *Paysage.*

5 — DUPRÉ (J.). *Bords de l'Oise, à l'Ile-Adam.*

6 — DETAILLE (Ch.) *Cavaliers.* — Deux dessins à la mine de plomb.

7 — JACQUE (Ch.). *Coqs.*

8 — JACQUE (Ch.). *Coqs et Poules.*

9 — JACQUE (Ch.). *Troupeau de moutons.*

10 — BRUCK-LAJOZ. *Moissonneuse rentrant au village.*

11 — COUTURIER. *Le Poulailler.*

12 — BODMER (K.). *Chevreuil sous bois.*

13 — BODMER (K.). *Chevreuil sous bois.*

14 — ORANGE (Maurice). *Tambour suisse.*

15 — ORANGE (Maurice). *Tambour de la République.*

16 — GOENEUTTE (Norbert). *Le Buveur.*

17 — GOENEUTTE (Norbert). *La Cuisinière.*

18 — GOENEUTTE (Norbert). *Femme plumant un poulet.*

19 — POLACK. *Tête d'étude.*

20 — SERGENT (A.). *Chasseur d'Afrique.*

21 — SERGENT (A.). *Arabe conduisant un chameau, sur lequel est assise une Mauresque.*

22 — SERGENT (A.). *Charge de hussards.*

23 — SERGENT (A.). *La Halte au désert.* — Une jeune fille offre à rafraîchir à un cavalier arabe.

24 — SCHREYER. *Cavalier arabe.*

25 — ROUSSEAU (Th.). *La Seine vue des hauteurs de Saint-Cloud.*

26 — ROUSSEAU (Th.). *Soleil couchant.*

27 — VEYRASSAT (J.). *La Halte au village.*

28 — WATTEAU (de Lille). *Officiers d'infanterie; 1789.*

29 — WATTEAU (de Lille). *Halte d'officiers.*

30 — ÉCOLE FLAMANDE. *Scène d'intérieur.*

31 — TENIERS (Genre de). *Intérieur d'armurier.*

32 — ÉCOLE FRANÇAISE. *Cavalier.*

33 — ÉCOLE HONGROISE. *Nature morte.*

34 — PAOZKA (D.). *Composition.* — Dans l'échoppe d'un tailleur, trois jeunes garçons sont en contemplation devant un oiseau en liberté sur la porte de sa cage ouverte.

35 — *Effet de neige.*

36 — *Le Moulin.*

37 — *Intérieur breton.*

38 — *Le Paradis terrestre.* — Genre de Breughel.

39 — Dix-sept peintures représentant des scènes de chasses et de courses.

40 — Deux paysages : Effets de neige, de Mallebranche.

## BIJOUX

41 — SUPERBE RIVIÈRE montée sur or et argent de trente-neuf brillants.

42 — SOLITAIRES sur or pesant environ onze carats et demi.

43 — RICHE BRACELET articulé, formé de plaquettes ornées chacune au centre d'un gros brillant ; les parties triangulaires encastrant le losange, et le losange lui-même sont sertis d'autres brillants plus petits.

44 — AUTRE BRACELET en or, fait de trois cercles supportant au centre un fin camée à deux couches ; les chutes sont en brillants et roses.

45 — MONTRE DE FEMME dans un boîtier agrémenté de perles, rubis et turquoises, et accrochée à une

châtelaine de même genre, munie de ses accessoires, et terminée par un médaillon avec émail.

46 — BRACELET allant avec la montre et la châtelaine précédente.

47 — CHARMANTE PETITE MONTRE bassine en or, de style Louis XVI, enfermée dans deux boîtiers d'or finement émaillé en couleurs, et dont l'un formant le fond est vermiculé. Travail anglais.

48 — GROSSE MONTRE en or, d'époque Empire, à carillon ; le cadran est orné de personnages articulés.

49 — PARURE en filigrane d'or monté de perles baroques.

50 — DEMI-PARURE en argent doré, montée d'émaux peints, de turquoises et de perles. Style oriental.

*

51 — BROCHE ET PENDANTS D'OREILLES en or, à pendeloques et perles.

52 — BRACELET en argent doré, monté de pierres de couleurs.

---

## ARGENTERIE

53 — DEUX AIGUIÈRES en cristal enchâssées d'argent gravé et ciselé.

54 — HUILIER en argent, d'époque Empire.

55 — BOUTS DE TABLE de l'Empire,

56 — COUPE A FRUITS en cristal monté ; le pied et les anses sont en argent.

57 — SIX PELLES A SEL.

58 — SERVICE DE TABLE de douze couverts avec cuillère à potage, cuillères à ragoût et salière. (Ce lot sera divisé.)

59 — PETIT MOULIN hollandais.

60 — TIRELIRE en forme meuble hollandais.

61 — DEUX PETITES CHAISES.

62. — PETITE VOITURE attelée.

63 — PETIT PERSONNAGE hollandais.

64 — PETITE CONTREBASSE.

65 — CAISSE D'ARGENTERIE pour douze couverts.

66 — CASSETTE de douze beaux couverts à poisson, montés en argent sur manches en ivoire.

**Plaqué.**

67 — THÉ composé d'un plateau, une chocolatière, une verseuse, un sucrier, une théière et un samovar ; les garnitures sont en argent.

68 — PLATEAU rond, gravé.

69 — PLATEAU carré et gravé.

70 — GRAND RÉCHAUD ovale de style Louis XVI.

71 — CAFETIÈRE russe.

72 — SIX VERRES à liqueur et leur plateau.

73 — BEURRIER.

74 — SUCRIER.

75 — BOL A PUNCH et sa cuillère.

76 — SALIÈRE.

77 — CORBEILLE A PAIN gravée.

78 — BROSSE et RAMASSE-MIETTES.

## MEUBLES

79 — IMPORTANTE ET RICHE SALLE A MANGER en noyer patiné, sculpté et poli, dans le goût de la Renaissance italienne, composée d'un dressoir, un meuble vitré, une table à trois allonges et dix chaises :

Dressoir. Le corps du bas est à deux vantaux sculptés en plein bois et en ronde bosse de statuettes ; au centre et de chaque côté, trois grandes cariatides de grotesques formant avancé supportent l'entablement à trois tiroirs, séparés par de fortes têtes de lions ; les deux tablettes chantournées reposent sur des hippogriffes tenant des écussons.

Le meuble vitré est formé d'un petit corps du bas, à deux portes pleines, sculptées sur fond piqué, de têtes de femmes en mascarons, entourées de volutes. Deux grosses cariatides en ronde bosse supportent l'entablement.

Le corps du haut est à deux portes vitrées et cintrées à plates-bandes ; sur les côtés sont deux cariatides de femmes en ronde bosse.

Le chapiteau monumental à voussure est cintré, et surmonté d'un motif sculpté de deux faunes assis et accotés sur un écusson.

Table à plates-bandes sculptées d'amours et de mascarons, à trois allonges ; elle repose sur quatre pieds formés de cariatides d'hommes sculptés en ronde bosse.

Le tapis de la table est de drap rouge appliqué d'une large bande en tapisserie au gros et petit point.

Dix chaises en noyer sculpté de style de la Renaissance ; les fonds et les dossiers carrés sont garnis de cuir frappé et de gros clous dorés.

### Grand salon.

80 — MEUBLE de grand salon de style Louis XVI en noyer ciré très finement sculpté, couvert en velours de Gênes fond crème à bouquets, composé d'un grand canapé et de quatre fauteuils.

81 — QUATRE CHAISES légères en noyer sculpté, dossiers à colonnettes; les sièges sont couverts en satin broché.

82 — DEUX SIÈGES en X, bois doré; les sièges et les coussins d'accotoir sont couverts de satin vieux rose, brodés et soutachés.

83 — DEUX FAUTEUILS anglais, bois

recouverts, à coussins de soie brochée et parements de peluche rubis.

84 — QUATORZE COUSSINS DE PIEDS garnis d'anciennes étoffes de soie.

85 — JOLI FAUTEUIL BERGÈRE à oreilles, en noyer sculpté et garni en lampas broché.

86 — DEUX TABOURETS carrés, en noyer sculpté, style Louis XVI, à coussins couverts de satin broché à fleurs avec parements de peluche vieux rose.

87 — PETIT CANAPÉ anglais à dossier bas, bois recouvert de peluche rubis appliquée de broderies à fleurs.

88 — GRAND CABINET portugais de style Louis XIII, complètement couvert en écaille et garni de cuivres dorés, sur piètement à colonnettes

tournées ; les nombreux tiroirs sont à bossages et la partie centrale en arcade forme un retrait décoré de glaces de parties en ivoire, se fermant par deux portes battantes.

89 — DEUX PETITES CONSOLES en bois doré de style Louis XIII, à dessus de marbre blanc à gorge.

90 — TABLE A JOUER style Louis XV, en marqueterie genre Boule ; dessus garni en drap.

91 — BEL ÉCRAN de style Louis XV en bois doré ; la face est montée d'une glace biseautée sans tain, et les deux côtés formant volets sont garnis en satin broché à fleurs.

92 — TABLE GICOGNE en bois laqué.

93 — PETITE TABLE forme croissant, couverte en peluche et vieux broché.

94 — TABLE ronde guéridon, à dessus de marbre brèche rouge, montée sur piétement en cuivre poli formé de trois pieds à griffes terminés par des amours.

95 — BEAU PIANO à queue en palissandre, d'Érard, à sept octaves.

96 — RICHE DESSUS DE PIANO drapé en vieux damas de soie fond crème, soutaché de bouquets de fleurs et d'une large plate-bande en encadrement.

97 — DEUX GRANDS CHEVALETS d'appartement garnis de draperies en peluche de soie rubis et frangées en ton maïs.

98 — DEUX FEUILLES DE PARAVENT garnies en tapisserie au gros et au petit point, à sujets de style Henri II : jeunes dames en costumes de cour.

99 — PAIRE DE SUPPORTS ; jeunes nègres supportant chacun un plateau.

100 — PETIT BUREAU de dame de style Louis XVI, à cylindre, en acajou, à canaux de cuivre poli, peint en vernis genre de Martin, de pastorales.

101 — CONSOLE demi-ronde de style Louis XVI en bois doré, dessus en marbre blanc.

102 — TROIS PIEDS-SUPPORTS en bois noir à filets dorés.

103 — DEVANT DE FEU couvert en soie et monté d'une glace en forme de trèfle.

104 — GRAND ET BEAU MEUBLE DE BUREAU en noyer finement sculpté de style Renaissance, couvert en

tapisserie au gros et petit point de Saint-Cyr; les dossiers de ces meubles représentent différentes scènes tirées des comédies de Molière, faites au petit point. Il est composé d'un canapé à grand dossier et de quatre fauteuils.

105 — DEUX FAUTEUILS de style Renaissance en forme d'X, à dossiers sculptés de sujet : Léda et Jupiter transformé en cygne; les consoles sont décorées de têtes de femmes, le centre de l'X est formé par un mascaron de tête de lion, les sièges sont garnis de coussins et couverts en tapisserie au point, et les parements sont de velours côtelé ancien avec passementeries,

106 — BUREAU plat en palissandre et filets de cuivre.

107 — CHIFFONNIER en bois de rose

et marqueterie, de style Louis XVI, orné de cuivre doré et à dessus en brèche d'Égypte.

108 — JOLI COFFRE-FORT en forme de meuble, de palissandre, de chez FICHET.

109 — GRANDE BIBLIOTHÈQUE en chêne sculpté de style Louis XIII, à six vantaux séparés par des colonnettes torses. Le corps du bas est à six portes pleines, sculptées en plein.

110 — ÉCRAN en chêne sculpté, monté d'un fragment de tapisserie ancienne.

111 — PLANCHE DE CHEMINÉE en chêne sculpté.

## Première chambre à coucher.

112 — GRAND LIT à double face.

113 — ARMOIRE A GLACE avec fausses glaces formant psyché, sur les côtés.

114 — TABLE DE NUIT.

115 — BUREAU-CHIFFONNIER.

Le tout en palissandre et marqueterie de bois de couleurs.

116 — CHAISE LONGUE, deux fauteuils forme anglaise, capitonnés, couverts en satin de laine français, rampes en peluche bleue.

117 — TENTURE de la pièce formée d'une croisée, deux portières et une alcôve, en satin français, à plates-bandes de peluche bleue, ainsi que les draperies.

### Deuxième chambre à coucher.

118 — Composée d'un lit à double face avec petit et grand dossier, une

armoire à glace à colonnettes cannelées, une table à entretoises et pieds cannelés, dessus en peluche; deux chaises légères; le tout en bois laqué, de style Louis XVI.

119 — PETIT MEUBLE-CHIFFONNIER de style Louis XV, peint de pastorales et de paysages, dans le genre vernis Martin.

120 — COMMODE Louis XV ancienne à quatre tiroirs, avec canaux de cuivre et garnitures en bronze doré.

121 — PARAVENT japonais à six feuilles, peint d'oiseaux sur soie.

122 — GRANDE BIBLIOTHÈQUE en bois de rose, décorée de cuivres dorés.

123 — GRAND BUREAU plat en palissandre.

124 — PIANO droit en palissandre.

125 — PAIRE DE PIEDS-SUPPORTS en poirier noirci, à têtes d'éléphants.

126 — FAUTEUIL ET DEUX CHAISES hollandais en marqueterie.

127 — GRANDE TOILETTE en pitchpin et marbre blanc, à deux cuvettes, galerie, consoles et tablette.

128 — LIT en acajou, style Louis XV.

129 — LIT d'enfant peint blanc et or.

130 — GLACE, cadre Louis XV peint et doré.

131 — BILLARD en palissandre de chez Rivoire, avec ses accessoires, trois jeux de billes en ivoire et queues.

132 — MEUBLE d'entredeux en marqueterie genre de Boule, dessus en marbre blanc.

133 — APPAREIL D'ÉCLAIRAGE de billard, à trois lumières.

134 — PORTEMANTEAU D'ANTICHAMBRE en noyer, avec entredeux garnis en tapisserie au point et patères en cuivre poli.

135 — QUATRE ESCABEAUX sculptés, dossiers ronds.

136 — COFFRE-BAHUT de style Renaissance, à pilastre.

137 — TABLE d'antichambre en noyer.

138 — DEUX GAINES garnies en velours.

139 — DEUX GRANDES GLACES de baies.

140 — QUATRE VITRAUX d'applique, ornés de vitraux suisses.

141 — GRAND VITRAIL formé de quatre feuilles dans le goût oriental.

## BRONZES, OBJETS D'ART

142 — IMPORTANT GROUPE représentant Bélisaire sortant de la prison, aveugle et conduit vers sa famille par un jeune enfant. Signé E. LAPORTE.

143 — PAIRE DE BRAS DE LUMIÈRES en bronze ciselé et doré, de style Louis XV, à chacun sept bougies.

144 — DEUX GROUPES : les Chevaux de Marly.

145 — JUPITER ET LÉDA. Terre cuite de SCHLÉSINGER.

146 — BEAU CARTEL de style Louis XVI, en bronze ciselé et doré, à tête de femme, draperies et vase.

147 — BAROMÈTRE de même style faisant le pendant du cartel.

148 — AUTRE PAIRE DE CARTELS ET DE BAROMÈTRES de style Louis XVI, en bronze doré, plus petits que les précédents.

149 — GROUPE tournant en bronze, représentant le Poète inspiré par l'Amour, de DUMAS; monté à pivot sur un piédouche en marbre noir et rouge à gorges.

150 — PAIRE DE GRANDES LAMPES de style Louis XVI, formées de deux vases sang de bœuf, en porcelaine de Chine. Monture en bronze ciselé et doré.

151 — DEUX GARNITURES DE FOYER en fer forgé.

152 — LUSTRE en bronze doré, à cristaux, de style Louis XVI, portant vingt-quatre lumières.

153 — QUATRE APPLIQUES allant avec le lustre.

154 — PAIRE DE BELLES LAMPES en émail cloisonné de Chine; monture en bronze doré.

155 — LUSTRE en verre de Venise, à six bras de lumières.

156 — PAIRE DE GRANDS CANDÉLABRES de l'Empire, en bronze à parties dorées, sur pieds d'hippogriffes, à chacun six lumières.

157 — BRULE-PARFUMS en bronze du Japon.

158 — DEUX COUPES en bronze sur piédouches cannelés en marbre rouge.

159 — PAIRE DE GRANDS LANDIERS en fer forgé avec leurs potences à pots, reliées par une chaîne d'attache.

160 — TRÈS IMPORTANTE SUSPENSION de salle à manger en cuivre poli, style Renaissance; la galerie centrale ajourée supporte huit bras de lumières, à chacun trois bougies. Quatre de ces bras sont décorés de fines statuettes en bronze patiné.

161 — PAIRE DE GRANDES LAMPES en porcelaine céladon, montées en bronze doré.

162 — PAIRE DE PETITS VASES en émail cloisonné du Japon.

163 — STATUE boudhique en bronze ancien de Chine.

164 — PETITS COFFRETS ET DRAGEOIRS en bronze argenté.

165 — DEUX LANDIERS en fer forgé, avec leurs barres à fleurs de lis.

166 — TERRE CUITE : l'Amour à la mandoline, de Correy.

167 — DEUX CHIENS DE FO en grès de la Chine.

168 — DEUX POTICHES en porcelaine du Japon.

169 — GARNITURE DE CHEMINÉE en onyx : une pendule avec coupe et deux candélabres montés en bronze doré.

170 — GROUPE DE GUERRIERS ET DE PERSONNAGES GROTESQUES en bronze japonais, sur socle.

171 — VASE en cuivre gravé, de Bénarès.

172 — LUSTRE flamand en cuivre poli, monté au gaz, de six lumières.

173 — GARNITURE DE CHEMINÉE en

bronze et marbre d'Égypte, d'époque Empire, composée d'une pendule, deux grands candélabres, deux coupes et deux flambeaux.

174 — DOUZE BUSTES en bronze : les Douze Césars, sur piédouches.

175 — GROUPE en bronze : l'Enfant au coq, sur pied en marbre noir. Signé Cecioni.

176 — VÉNUS agenouillée, d'après l'antique, sur socle en marbre.

177 — BRULE-PARFUMS en bronze du Japon, fermé par un chien de Fô.

178 — CHIEN D'ARRÊT sur pied en marbre noir.

179 — DEUX BOUGEOIRS en bronze de la Chine.

180 — DEUX STATUETTES DE FEMMES nues et dansant ; l'une joue du tambour de basque, l'autre des castagnettes ; elles sont de *E. Kley*.

181 — QUATRE PIÈCES en bronze du Japon : oiseau, lapin et deux grues formant porte-cierge.

182 — VASE en bronze ancien du Japon.

183 — PAIRE DE VASES en émail cloisonné du Japon.

184 — DEUX STATUETTES : Homme et Femme.

185 — JOLI VIDE-POCHE en bronze argenté, supporté par des amours ; au centre, coupe en cristal taillé.

186 — TROIS BELLES LAMPES JUIVES en cuivre poli, montées au gaz, de chacune six lumières.

187 — LANTERNE d'antichambre en cuivre poli, à six lumières, formée par des têtes de dragons.

188 — GROUPE en marbre : Psyché et l'Amour.

189 — DEUX GROUPES en marbre blanc, personnifiant la Fondation de Rome et d'Athènes.

190 — LANTERNE en cuivre poli, montée au gaz.

191 — GROSSE LICORNE en bronze du Japon.

192 — GARNITURE en bronze argenté à parties dorées, de style Renaissance, composée d'une pendule et deux candélabres.

193 — SUSPENSION en cuivre poli,

montée au gaz, et de quatre bras de lumières à chacun cinq bougies.

194 — PETITE PENDULE LOUIS XVI en marbre blanc.

---

## PORCELAINES, FAIENCES

195 — DEUX GRANDS PLATS en faïence italienne.

196 — DEUX ASSIETTES en faïence de Rhodes.

197 — GRAND PLAT en Japon.

198 — PLAT hispano-arabe.

199 — TROIS PLATS en Delft.

200 — TREIZE PIÈCES, faïences diverses.

201 — GOURDE à panse aplatie, en grès de Flandre.

202 — DEUX STATUETTES en terre cuite.

203 — DOUZE PIÈCES, faïences diverses.

204 — FONTAINE ET SON BASSIN en faïence ancienne de Rouen.

205 — QUATRE PETITES ASSIETTES en ancienne faïence de Perse.

206 — LES TROIS GRACES. Biscuit.

207 — COFFRET en biscuit. Le couvercle décoré d'un faune et d'une bacchante.

208 — STATUE DE JEUNE FEMME NUE puisant à une source. Plâtre signé Millet de Marcilly.

209 — L'AMOUR GUERRIER, L'AMOUR VOLEUR, en porcelaine genre de Saxe.

210 — LA JEUNE MÈRE. Biscuit dans le goût du XVIII^e siècle.

211 — JOLIE STATUETTE : l'Amour discret, en biscuit de Sèvres, sur pied en porcelaine de Sèvres gros bleu filetée et dorée.

212 — L'AMOUR VAINQUEUR. Groupe en blanc de Saxe.

213 — VINGT-QUATRE PETITES STATUETTES D'AMOUR en porcelaine de Saxe.

214 — COFFRET en forme de canapé, en porcelaine décorée.

215 — PAIRE DE VASES à anses, en faïence italienne.

216 — PAIRE DE GRANDS VASES en porcelaine laquée du Japon.

217 — MARQUIS ET MARQUISE LOUIS XV, en porcelaine genre Saxe.

218 — GROUPE en biscuit : Jeune Femme tenant une pomme que deux amours se disputent.

219 — DEUX GROUPES en biscuit : Jeunes Femmes jouant avec l'Amour.

220 — DEUX STATUETTES en biscuit : Vanneur et Vanneuse.

221 — COUPE en Chine, monture en bronze.

222 — DEUX VASES en porcelaine de Hoscht, décorés de médaillons à personnages.

223 — SERVICE A CAFÉ en porcelaine, à décor genre étrusque.

224 — TROIS PLAQUES de menu.

225 — CINQ GRANDES VASQUES en faïence, de décors divers.

226 — DEUX TABOURETS en porcelaine de Chine.

227 — SERVICE A BIÈRE en faïence de Suisse.

228 — DEUX BUIRES en faïence italienne.

229 — DEUX MAGOTS grotesques en porcelaine genre de Saxe.

230 — DEUX GRANDES PINTES en grès de Nuremberg.

231 — DEUX STATUETTES en porcelaine genre de Saxe.

232 — DEUX TÊTES D'ENFANTS.

233 — PAIRE DE GRANDES APPLIQUES à quatre lumières, porcelaine genre de Saxe.

234 — QUARANTE-QUATRE PLATS ET ASSIETTES en porcelaine et faïences diverses. (Ce lot sera divisé.)

235 — PAIRE DE VASES ovoïdes en porcelaine de Vienne.

236 — PAIRE DE CONSOLES à cariatides.

237 — PAIRE DE GRANDS VASES en porcelaine de Chine.

238 — QUATRE PETITES PIÈCES D'ÉTAGÈRE.

239 — TROIS STATUETTES D'ENFANT en terre cuite : Bonsoir, Petit Noël, la Cruche cassée.

240 — LAFORESTERIE. Le Jeune Florentin.

241 — PAIRE DE GRANDS VASES en barbotine, à longs cols et décorés chacun d'une statuette.

242 — DEUX VASQUES en faïence à mascaron, genre Palissy.

243 — SERVICE DE TABLE pour dix-huit couverts, en porcelaine, décor en camaïeu.

244 — SERVICE de verrerie pour dix-huit personnes, en cristal de Baccarat gravé.

---

## ÉTOFFES, TENTURES, TAPIS

245 — TROIS BELLES GARNITURES DE CROISÉES de salon, en peluche avec bandes d'entredeux en velours de Gênes ; les galeries sont garnies de draperies à trois festons et chutes.

246 — GRANDE DÉCORATION DE BAIE en peluche et armure, drapée à l'italienne, et avec double feston à chutes.

247 — SIX GRANDS STORES drapés à l'italienne, en foulard bleu ciel.

248 — GARNITURE DE CROISÉE en damas de soie brochée vieux rose, avec draperies et chutes.

249 — TROIS DÉCORATIONS DE POR-

TIÈRES en tapis anciens du Daghestan.

250 — DÉCORATIONS DE CROISÉES ET DE PORTIÈRES en Karamanie, drapées.

251 — DÉCORATION DE BAIE faite de tapis anciens de Karamanie.

252 — TROIS STORES drapés en foulard blanc.

253 — TROIS AUTRES STORES drapés, rouges.

254 — SEPT COUSSINS en tapisserie au point.

255 — ENVIRON VINGT-CINQ COUSSINS divers.

256 — TRÈS BEAU TAPIS de l'Inde, fond blanc, à dessin multicolore.

257 — GRAND TAPIS de salon en velouté rouge.

258 — TAPIS de salle à manger en velouté rouge.

259 — TAPIS de bibliothèque en velouté rouge.

260 — TAPIS de bureau en velouté rouge.

261 — TAPIS de couloir en velouté rouge.

262 — NOMBREUX TAPIS DE PRIÈRE anciens et autres.

263 — BATTERIE DE CUISINE en cuivre.

264 — BUFFET en chêne peint, avec horloge.

265 — DÉBARRAS : LITERIE, GLACES diverses. Meubles courants.

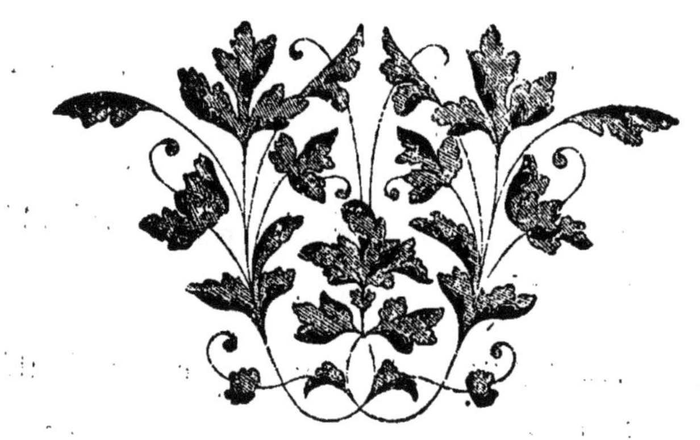

www.ingramcontent.com/pod-product-compliance
Ingram Content Group UK Ltd.
Pitfield, Milton Keynes, MK11 3LW, UK
UKHW022143170726
13837UKWH00004B/1753